AF349657

24 Mars 84

VENTE

DES LUNDI 24 ET MARDI 25 MARS

HOTEL DROUOT, SALLE N° 3

A 2 heures

COLLECTION DE

MEUBLES

ET

BOIS SCULPTÉS

DES XVe, XVIe, XVIIe ET XVIIIe SIÈCLES

OBJETS D'ART

ARGENTERIES, BRONZES

TABLEAUX

TAPISSERIES, — TENTURES

EXPOSITION PUBLIQUE

Le Dimanche 23 Mars, de 2 heures à 5 h. 1/2

Me CAURA
COMMISS^re-PRISEUR
43, rue de Trévise

M. Georges SEMPÉ
EXPERT
58, rue St-Lazare

PARIS — 1884

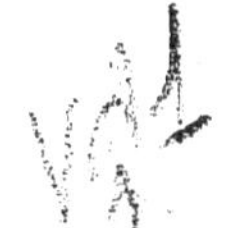

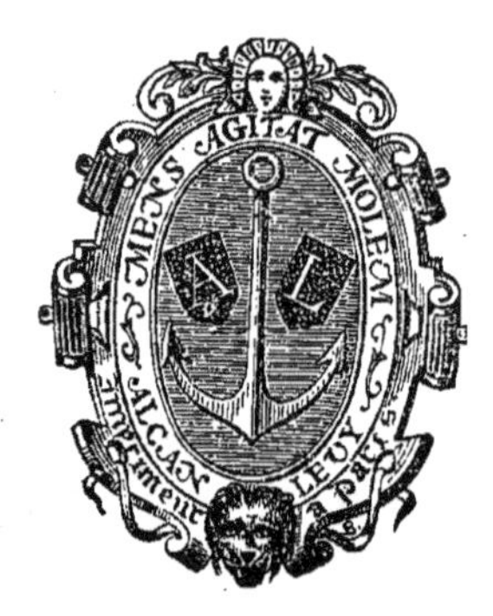

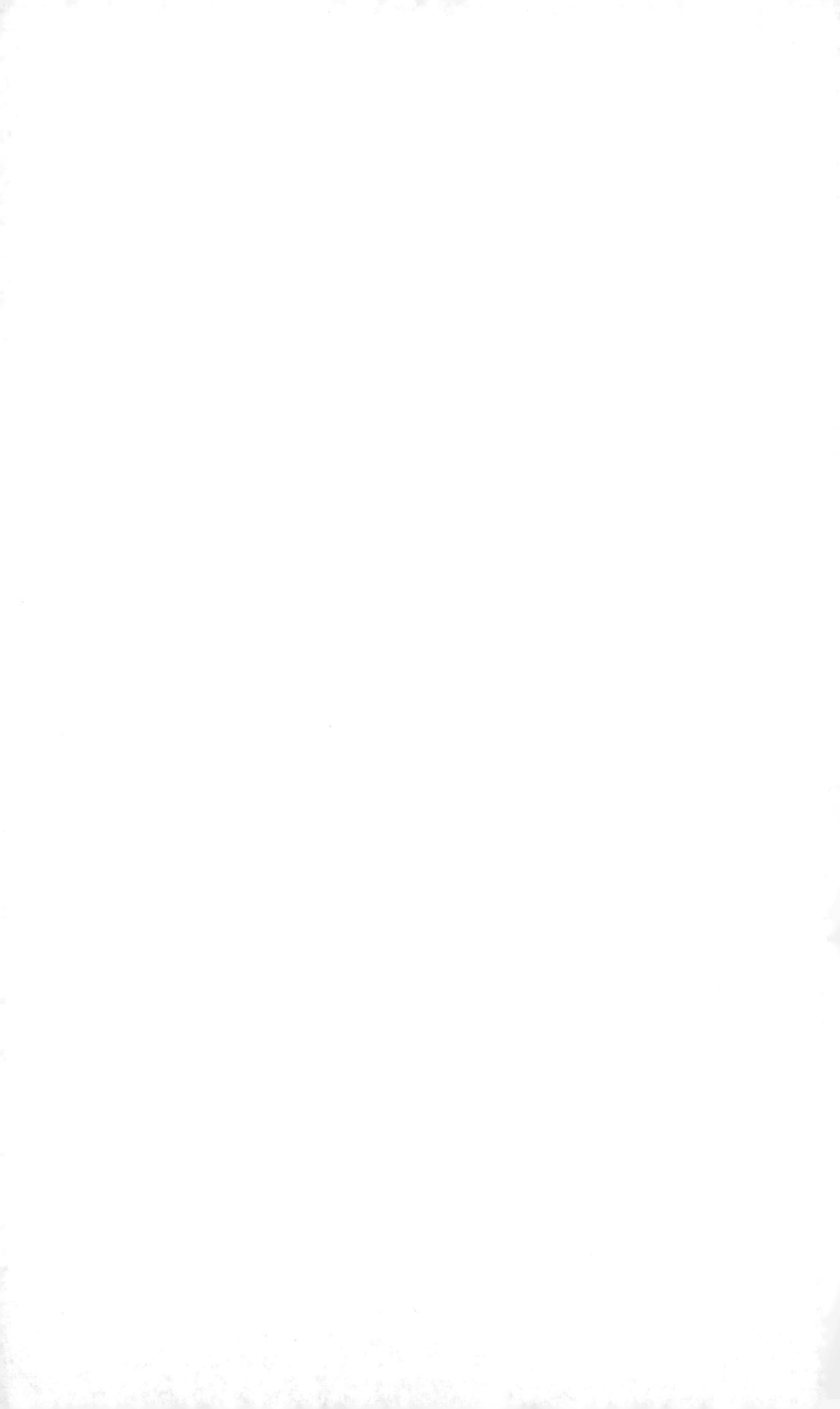

VENTE

DES LUNDI 24 ET MARDI 25 MARS

HOTEL DROUOT, Salle N° 3

A 2 heures

COLLECTION DE

MEUBLES

ET

BOIS SCULPTÉS

DES XVᵉ, XVIᵉ, XVIIᵉ ET XVIIIᵉ SIÈCLES

OBJETS D'ART

ARGENTERIES, BRONZES

TABLEAUX

TAPISSERIES, — TENTURES

EXPOSITION PUBLIQUE

Le Dimanche 23 Mars, de 2 heures à 5 h. 1/2

<table>
<tr><td>Mᵉ CAURA
COMMISSᵣᵉ-PRISEUR
43, rue de Trévise</td><td>M. Georges SEMPÉ
EXPERT
58, rue St-Lazare</td></tr>
</table>

PARIS — 1884

CONDITIONS DE LA VENTE

La vente sera faite au comptant.

Les acquéreurs payeront cinq pour cent en sus des enchères applicables aux frais.

Paris. — Imp. ALCAN-LÉVY, 61, rue Lafayette.

DESIGNATION

MEUBLES

des XVᵉ, XVIᵉ, XVIIᵉ et XVIIIᶜ siècles

1 — Grande Crédence en noyer sculpté, ornée de médaillons avec têtes en haut-relief, époque xvᵉ siècle.

2 — Crédence en noyer, portes ornées de figures en relief, époque Louis XII.

3 — Curieux Meuble à deux corps, panneaux sculptés. époque xvıᶜ siècle.

4 — Grand Lit à colonnes sculptées, dossier orné d'armoiries et de médaillons, figures de guerriers, époque Louis XII.

5 — Grand Lit en noyer à colonnes richement sculptées, orné de cariatides, même époque.

6 — Lit formé par des cygnes soutenant des coquilles, flèche ornée d'un aigle doré, époque de l'Empire.

7 — Coffret gothique en chêne.

8 — Haut de bureau en ébène guilloché.

9 — Cabinet en ébène guilloché , époque
Louis XIII.

10 — Coffret du xvie siècle en cuir gravé au
petit fer et doré.

11 — Petite Table en noyer à croisillon, même
époque.

12 — Paravent à quatre feuilles en tapisserie
au point, époque Louis XIV.

13 — Chaise à porteurs de l'époque Louis XVI,
en bois sculpté et doré, ornée de pein-
tures et du monogramme DB, intérieur
en velours frappé de l'époque.

14 — Grande Console en chêne sculpté et doré
à croisillon, époque Louis XIV.

15 — Régulateur époque Louis XIV en bois
noir orné de bronzes dorés, de *Julien
Leroy*.

16 — Paravent à six feuilles avec sujets ga-
lants, peinture genre Lancret.

17 — Petite Table à ouvrage en bois de violette,
époque Louis XV.

18 — Table forme rognon acajou , époque
Louis XVI.

19 — Console Louis XVI, bois sculpté et doré,
dessus marbre.

20 — Grande Armoire à deux portes, formant
médailler, en acajou orné de bronzes
dorés, époque Louis XVI.

21 — Petite Servante acajou, époque Louis XVI.

22 — Bureau à abattant en ébène et marqueterie, genre Boule, époque Louis XV.

23 — Petite Toilette à poudrer, même époque.

24 — Bureau à huit pieds en marqueterie de
bois, époque Louis XIV.

25 — Petite Table à ouvrage, bois de violette,
époque Louis XV.

26 — Socle en chêne sculpté, époque Louis XIV.

27 — Cartonnier en marqueterie, même époque.

28 — Console d'applique Louis XIV, en bois
sculpté et doré, ornée de trois figurines.

29 — Grande et belle Gaine Louis XVI, en bois
sculpté et peint.

30 — Petite Jardinière en acajou, ornée de
bronzes, époque Louis XVI.

31 — Petite Table en bois de rose, époque
Louis XV.

32 — Grand bureau plat en palissandre, orné
de bronzes, même époque.

33 — Deux grandes torchères à trois lumières,
en bois finement sculpté et doré, époque Louis XVI.

34 — Caqueteuse en noyer sculpté aux armes
des Dauphins d'Auvergne , époque
Henri II.

35 — Stalle en noyer sculpté à perspectives, du
xvie siècle.

36 — Stalle en chêne sculpé, gothique fleuri.

deux chaises, couverts en étoffe bleue, signé *Cresson*.

53 — Chaise Henri II ornée d'incrustation d'é- bène.

54 — Deux Fauteuils Louis XV, cannés.

55 — Chaise couverte en soie, époque Louis XV.

56 — Fauteuil finement sculpté, couvert soie rayée à fleurs, époque Louis XVI.

57 — Deux Fauteuils Louis XV, couverts en soie rayée à fleurs.

58 — Lot de quinze chaises, époque Louis XV, sera divisé.

BOIS SCULPTÉS

Panneaux, — Groupes, — Statuettes

59 — Grand panneau gothique, richement sculpté, travail français.

60 — Autre panneau gothique, à nombreux personnages.

61 — Porte en chêne, ornée d'un médaillon de femme en haut-relief, époque Renais- sance.

62 — Panneau Renaissance sculpté, à trois compartiments, l'Annonciation, la Na- tivité et l'Adoration des Mages.

63 — Devant de coffre gothique.

64-65 — **Deux Grands Bas-reliefs bois sculpté,**

peint et doré avec inscriptions, cadre
velours rouge, époque xvᵉ siècle.

66 — Denx Petits Panneaux en bois sculptés,
les Arts, du xvɪᵉ siècle.

67 — Deux Panneaux du xvɪᵉ siècle, personnages et ornements en chêne sculpté.

68 — Grand Panneau en chêne sculpté et peint
à personnages, à trois compartiments.

69 — Grand Christ en croix, chêne sculpté,
croix ornée de médaillons et motifs finement sculptés, travail de l'époque
byzantine.

70 — Beau Groupe en bois sculpté, la *Mise au
Tombeau*, du xvᵉ siècle.

71 — Statuette en bois sculpté, saint Martin,
du xvᵉ siècle.

72 — Quatre Figurines, femmes assises en bois
sculpté et peint, du xvɪᵉ siècle.

73 — Groupe en bois sculpté et peint, saint
Georges terrassant le Dragon, du
xvᵉ siècle.

74 — Statuette bois sculpté, représentant un
saint, du xvɪᵉ siècle.

75 — Statuette de guerrier du xvᵉ siècle, bois
sculpté et peint.

76 — Deux Grandes Cariatides, homme et
femme portant des corbeilles de fleurs
sur la tête, époque Louis XIII.

77 — Figurine de femme tenant une bande-

rolle, en chêne sculpté, xve siècle.

78 — La *Descente de Croix*, Groupe à nombreux personnages, bois sculpté et peint, xve siècle.

79 — Statuette de guerrier, bois sculpté et peint, xve siècle.

80 — Statuette d'évêque, bois sculpté, xve siècle.

81 — Autre, Saint Pierre, même époque.

82 — Saint Georges, Groupe bois sculpté et peint, même époque.

83 — Groupe en bois sculpté et peint provenant d'un rétable du xve siècle.

84 — Deux Torchères d'applique en bois sculpté, époque Louis XIII.

85 — Cadre orné de bronzes repoussés, même époque.

86 — Petit Cadre ovale en long, bois sculpté, époque Louis XVI.

87 — Cadre de glace en ébène guilloché, époque Louis XIII.

OBJETS D'ART

Argenterie, — Bronzes, — Faïences, — Marbres, Terres cuites

88 — Très Belle paire de Flambeaux en argent vieux Paris, finement ciselés à têtes de femmes, fleurs et coquilles, beau travail de l'époque Louis XIV.

89 — Cafetière en argent ornée d'un masca-
ron, tête de satyre, même époque.

90 — Douze Petites Cuillers en argent doré et
ciselé.

91 — Deux Grands Vases en cuivre repoussé,
époque Louis XIV.

92 — Deux Hanaps en cuivre repoussé, forme
casque, même époque.

93 — Suspension en cuivre repercé à jour, époque Louis XIII.

94 — Lustre en cuivre, même époque.

95 — Lustre en cuivre, style Louis XIV.

96 — Quatre Flambeaux gothiques en bronze.

97 — Grand Brasero à couvercle en cuivre
rouge repoussé.

98 — Deux Chenets bronze, à chimères,
Louis XIV.

99 — Cartel en bronze doré, époque Louis XVI

100 — Crémaillère en fer, ornée d'une fleur
de lys, époque xvᵉ siècle.

101 — Pendule à sujet, la Justice et la Vérité,
en bronze doré, époque Louis XVI.

102 — Lustre à neuf lumières, en bronze doré,
orné d'anciens cristaux de Bohême,
époque Louis XIV.

103 — Paire de Flambeaux en bronze argenté,
époque Louis XIV.

104 — Paire d'Appliques à deux lumières, en
bronze doré, époque Louis XVI.

105 — Deux Flambeaux bronze, époque Louis XIV.

106 — Deux Girandoles, époque Louis XIV, en bronze argenté et gravé.

107 — Deux Petits Sphynx bronze, même époque.

108 — Deux Chenets à boules en bronze, époque Louis XVI.

109 — Deux Sonnettes bronze, époque Renaissance.

110   Coffret en nacre gravée, du xvi° siècle.

111 — Deux Coupes orientales en ancien bronze damasquiné d'argent.

112 — Deux Chandeliers bronze gothiques.

113 — Monstrance en cuivre ciselé et doré, du xvi° siècle.

114 — Marteau de porte gothique en bronze, formé d'un lion.

115 — Petite Chasse en bronze finement ciselé, du xvi° siècle.

116 — Petite Croix en bois finement sculpté, même époque.

117 — Poignard en fer ciselé, même époque.

118 — Flambeau du xvi° siècle en cuivre doré.

119 — Flacons dans leur étui en cuir au petit fer, époque Louis XIII.

120 — Batterie d'arquebuse à rouet, en fer gravé.

121 — Deux Petits Flambeaux, Enfants tenant

une lumière, en bronze et marbre, époque Louis XVI.

122 — Deux Petites Statuettes de guerriers en bronze italien, du xvie siècle, sur socles marbre.

123 — Petit Coffret gothique en cuir gravé et armature en fer.

124 — Petit Flambeau Louis XIII en cuivre.

125 — La Toilette de Vénus, émail époque Louis XV.

126 — Deux Plats en ancienne faïence italienne à jour, ornés d'amours.

127 — Deux Beaux Vases à anses torses, en vieux Nevers jaspé.

128 — Porte-Bouquets en ancienne faïence de Moustiers.

129 — Christ en croix et son Pied, ancienne faïence de Rouen polychrome.

130 — Bannette à anses, ancienne faïence de Marseille.

131 — Plat long, ancienne faïence de Marseille.

132 — Compotier vieux Rouen, polychrome.

133 — Saladier vieux Rouen.

134 — Surtout en ancienne faïence de Niederwiller, orné d'une figurine d'amour.

135 — Fontaine en terre cuite formée d'une nymphe assise, époque Louis XIII.

136 — Vierge et Enfant, statue en pierre, du xve siècle.

137 — Cinq Bas-reliefs, sujets religieux, en albâtre peint même époque.

138 — Deux Dauphins en marbre blanc, époque Louis XIV.

139 — Bas-relief en pierre d'Istrie, Vierge à
l'Enfant.

140 — Deux Médaillons Mosaïque, *David* et
Salomon.

141 — Statuette en marbre blanc, Saint assis,
du xive siècle.

142 — Statuette pierre du xve siècle, Vierge
et Enfant.

143 — Haut-relief du xvie siècle en pierre d'Istrie, Vierge et Enfant Jésus entourés
d'une gloire d'anges, cadre en bois
sculpté.

144 — Statuette en marbre Louis XIV, nymphe
debout tenant une coquille.

145 — Vierge debout tenant l'Enfant Jésus,
groupe en marbre blanc, du xve siècle.

146 — Belle Terre cuite du xvie. Ange age-
nouillé, école de Lucca della Robia.

147 — Deux Bas-reliefs ronds, *Seigneur* et
Dame, en pierre, du xvie siècle,

148 — Autre, aux écussons de François Ier et
Charles-Quint.

149 — Deux Grands et beaux Vases en terre

cuite époque Louis XIV, à mascarons
et guirlandes de fleurs et fruits.

150 — Quatre Beaux Vases en albâtre, avec
anses en bronze, ornés de têtes de
lion.

151 — Très curieux buste d'homme en terre
cuite, du xve siècle.

151 *bis* — Bas-relief pierre d'Istrie, Vierge et Enfant

TABLEAUX

152 — Grand Tableau décoratif le *Temple
d'Hercule*, nombreux personnages,
par Panini, cadre en bois sculpté et
doré.

153 — Tableau décoratif, Femme et Amours,
école italienne.

153 *bis*. — Suite de six grandes toiles peintes, ma-
quettes de tapisseries, époque Louis XV.

154 — Quatre Beaux Dessus de porte grisailles,
jeux d'amours, époque Louis XVI.

155 — Suite de Quatre grands Dessus de porte,
les Saisons, époque Louis XV.

156 — Dessus de porte, école italienne.

157 — Autre, école flamande.

158 — Deux Dessus de portes, Pastorales, école
de Boucher.

159 — Grand Tableau décoratif, nombreux personnages dans un temple grec, époque Louis XIV.

160 — Portrait de *Diane de Poitiers*, école du
Primatice.

161 — Autre, Vierge et Enfant Jésus avec ar-
moirie, ancienne école italienne.

162 — Panneau à fond d'or, Cardinal et Évêque,
ancienne école italienne.

163 —· Autre, Saint et Donataire, même école.

164 — Autre, Vierge et Enfant Jésus debout,
même école, cadre sculpté.

165 — Portrait de Seigneur tenant des gants à
la main, école hollandaise.

166 — Paysans à la porte d'une auberge, même
école.

167 — Portrait de Dame en costume noir
Louis XIII, école française.

168 — Portrait d'un jeune Seigneur, attribué à
Porbus le Vieux.

169 — Deux Petits Pastels, école française.

170 — Autre Pastel, portrait de dame, école
française.

171 — Portrait d'*Anne de Boleyn*, ancienne
école anglaise.

TAPISSERIES, — ETOFFES

172 — Portière en tapisserie, verdure avec oi-
seaux et moulin.

173 — Autre, avec ornements, fleurs et fruits,
époque **Lou**is XIII.

174 — Portière à personnages, même époque.

175 — Portière en tapisserie verdure.

176 — Lambrequin en tapisserie au point, époque Louis XIV.

177 — Suite de Quatre Panneaux tapisserie verdure.

178-179 — Deux Tapisseries au point, à personnages.

180 — Lot de Vingt Siéges en tapisserie au point, sera divisé.

181 — Deux Rideaux au petit point, fleurs et fruits, avec leur baldaquin, époque Louis XIII.

182 — Deux Rideaux en soie blanche, trés belles bordures brochées d'abeilles, époque Empire.

183 — Deux Chapes et quatre Chassubles soie brochées, époque Louis XVI.

184 — Lot de Soieries anciennes, brodées et brochées, époques diverses, sera divisé.

185 — Objets non catalogués.